지금
사랑하고
다시
사랑하라

지금 사랑하고
다시 사랑하라

초판 1쇄 발행 2021년 03월 22일

지은이 김보미
펴낸이 장현수
펴낸곳 메이킹북스
출판등록 제 2019-000010호

디자인 안영인
편집 안영인
교정 안지은
마케팅 오현경

주소 서울특별시 금천구 가산디지털1로 142, 312호
전화 02-2135-5086
팩스 02-2135-5087
이메일 making_books@naver.com
홈페이지 www.makingbooks.co.kr

ISBN 979-11-91472-26-4(03810)
값 19,000원

ⓒ 김보미 2021 Printed in Korea

잘못된 책은 구입하신 곳에서 바꾸어 드립니다.
이 책의 전부 또는 일부 내용을 재사용하려면 사전에 저작권자와 펴낸곳의 동의를 받아야 합니다.

홈페이지 바로가기

메이킹북스는 저자님의 소중한 투고 원고를 기다립니다.
출간에 대한 관심이 있으신 분은 making_books@naver.com으로 보내 주세요.

코로나 블루 극복을 위한 추천 시집

지금 사랑하고 다시 사랑하라

- 울봄 김보미 -

메이킹북스

'지금 사랑하고 다시 사랑하라'
시집을 펴내며…

   첫 번째 시집, 불우이웃돕기 판매용 양장본 소장본 1집을 선물처럼 나눔하고 이번에 두 번째로, 전국서점 판매용 시집을 출간하게 되어 기쁩니다.

   우선 이 책을 손으로 펼치고 그대의 눈과 가슴으로 읽어주실 독자 분들께 깊이 감사드립니다.

   사춘기 소녀 때 엄마 몰래 비밀 일기장에 하나둘씩 써온 시들을 정리하듯 얼굴 화끈거리는 부끄러운 시들을 선별하여 담아보았습니다.

   겨울의 차가움을 견딜 수 있도록 따스한 봄을 닮은 시를 쓰고 싶었습니다.
   제 시호인 울봄은 우리의 봄이란 뜻입니다. 나만의 봄이 아닌 서로 따스하게 살아가려는 봄.

2020년은 코로나라는 질병이 사회를 비정상적으로 변화시켜서 코로나 우울증과 자살 대인 기피증 등이 우리의 마음을 얼게 하는 겨울이 와있네요.

2021년,
우리는 겨울 다음에 봄이 올 것을 믿고 있고 봄은 다시 우리에게 따스함을 줄 거라는 걸 압니다.

이럴 때 우리에게 필요한 것은 지금 사랑하고 다시 사랑하라!입니다.
우리 이 힘든 시기에 이 시집을 사랑하는 이에게 전해주세요.
내일은 안 올지도 모르니 지금 사랑하고 다시 사랑하는 여러분들이 되길 기도합니다.

묵묵히 힘든 봉사활동을 같이 해주고 있는 대한민국 축복봉사단 식구들과 두 손으로도 힘든 작업을 복합 통증 증후군으로 한 손만으로 멋진 서예 작품으로 제 시를 써주신 서예준님과 아름다운 시집에 어울리는 사진을 보내주신 이채연 회장님과 1004클럽 포토그래퍼 찰리선생님과 강원도 성열화 대표님께 감사의 인사를 전합니다.

끝으로 오랜 기간 못난 딸 키워주신 이명순 여사님과 늘 묵묵히 같이 봉사해주는 막냇동생 인철이, 사랑하는 아들 재우, 아름다운 딸 서희와 정신적 멘토이신 신과봄님과 죽마고우 노동규에게 깊은 감사를 보냅니다.

십여 년 넘게 봉사를 하면서 느낀 점은 작은 마음과 약속을 남을 위해 실천할 때 그 작은 것들이 모여 우리가 사는 사회가 움직여주고 살게 해줄 수 있는 에너지가 생긴다는 겁니다.

대학교를 이미 졸업하고 자격증 30여 가지를 취득하고도 다시 학업에 도전하고 끊임없이 노력하는 이유는 올바르게 공부하여 그 지식을 바탕으로 사회를 조금은 따스하게 만들려는 에너지를 창출하기 위함일 겁니다.

현재 광운대 경영대학원과 경희사이버대에서 육아복지학을 공부하는 이유 또한 에너지의 추가동력이 될 거라 믿습니다. 절대 포기하거나 늦었다고 멈추지 마세요!

이글을 읽는 여러분은 아름다운 사람입니다. 부디 용기를 가지시기를 바랍니다. 모든 분들에게 응원을 보냅니다.

시민들을 위해 항상 공부하고 봉사하며 살아가겠습니다.

2021.2
시인 울봄 김보미 올림

지금
사랑하고
다시
사랑하라

실은 순서

- '지금 사랑하고 다시 사랑하라' 시집을 펴내며...   4
- 시집을 펴면서   12
- 시   13
- 너의 꽃, 지금 사랑하라   14
- 추천사- 김 영 진   16
- 추천사- 안 승 남   18
- 추천사- 김 상 훈   20
- 추천사- 김 갑 수   22
- 추천사- 박 원 희   23
- 추천사- 이 홍 구   25
- 추천사- 정 택 수   27
- 추천사- 서 일 정   29

준을 위한 시	31	기다림	58
엄마	32	천년향	60
인생	34	응원	61
내가 조금	36	너에게	62
연꽃 여인	37	자수정	63
황포돛대	38	잠자기 전 그대가	64
心	39	쉼	65
염원	40	하얀 연탄	67
백제 금동 대향로	41	민주주의	68
고찰	42	소보로빵	70
아버지	44	순리	71
떡볶이	45	공중전화1	72
그리움	46	그리움에 대하여	73
역전앞 커피	47	신륵사	75
별을 삼키다	49	백마강	77
설익은 사랑	50	인생 살다 보면	78
운명	51	난 너에게 반지름이야	79
친구에게	52	인생의 벗	80
너가 웃으면	53	아가야	82
지금 사랑하라	55	기도	83
생명의 향기	56	무지개	84
지는 해가 아름다운 것은	57	공중전화2	85

동무	86		월요일	112
고심하지 않게 하소서	87		축복의 시	113
너의 꽃	88		첫눈	114
고장 나지 않은 시계도	89		베아트리체	115
낙화의 미	90		나눔의 시	117
격려	91		청룡1	118
산다는 것은 그저 아름답다	92		청룡2	119
목련 키스	93		봉정사의 꽃	120
가을	94		봉사를 위한 서시	123
비	95			
인연	96		• 마무리하며…	124
별이 접시에 통통	97			
파라오	98			
길	99			
엄마라는 이름은	100			
운명	101			
날 불러주오	102			
도전	104			
그리하면 잘했다	106			
동생이라는 이름	108			
일편단심	110			

시집을 펴면서

노오란 물결이 어느덧
나의 발아래 다가와
누군가 책갈피 눌러놓은
단풍잎 건네주는 가을

고단하여 책 속에 붙어버린
은행잎 바스러질까
그때의 고왔던 희망이
용기 내어 펼쳐보니
곱디곱다

두려움에 열지 못하면
고단함을 이겨내고 바르게 핀
가을의 노오란 물결을
밟을 수 없고 바라볼 수 없다

젊은이여 갈망하고 고단하라
그것이
희망이고 용기이다

울봄 김보미

시

울봄 김보미

시를 쓰는 시인이여
찬란한 수식어로 덮지 마라
그냥 사는 것처럼
흘러가는 대로
시를 쓰고 기뻐하라

나의 시를 나에게
너의 시를 너에게
그날 행복한 글귀로
그날 슬픈 글귀로

그냥 사는 것처럼
흘러가는 대로
시를 쓰고 기뻐하라

너의 꽃

울봄 김보미

너의 꽃으로 살아가는 것은
그대가 나의 씨앗을 심어 줌이고
너의 꽃으로 살아가는 것은
그대가 나의 뿌리가 되어 줌이고

바람을 벗삼아 날아가다가
그대라는 텃밭에 앉아 쉬어 줌이다

그리하여 너의 꽃으로
나는 살아가노라

지금 사랑하라

울봄 김보미

한 사람을 만난다는 건
노을이 사라지고 달이 보이고
별빛이 뜨는 세월이
내게 하루에 오는 것이다

한 사람을 사랑한다는 건
노을을 느끼고 달을 품고
별빛이 뜨겁게 키스하는
하루가 멈춰주는 것이다

한 사람을 잃는다는 것은
그 노을과 달과 별이
하루에 없어지는 것이다

그러니 오늘 사랑하고 사랑하라

추천사

　세계적인 코로나19의 유행 속에 이웃의 소중함을 어느 때보다 많이 느꼈던 봄과 여름이 지나가고 많은 결실의 열매를 맺어 거두어들이는 풍요로운 가을의 기쁨과 감사가 더욱 가슴 깊이 새겨지는 초가을입니다.

　소중한 작은 섬김을 만들어 가는 대한민국축복봉사단을 통해 커다란 쉼그늘을 만들어 주심에 가슴 깊이 진한 감동이 전해지고 있습니다.

　"내 이웃을 내 몸과 같이 사랑하라."는 성경 말씀처럼 내 부모를 섬기는 마음으로 소외된 이웃들에게 세상의 등불이 되어 조금이나마 위로와 사랑으로 더불어, 함께 살아가는 이 사회가 되기를 간절히 소망해 봅니다.

　대한민국 축복봉사단의 김보미 단장님의 오랜 봉사활동의 진정한 삶 속에 녹아난 살아있는 시의 언어를 깊이 감사드립니다. 시집을 내시느라 수고하신 김보미 단장님의 노고에 더욱 축하와 찬사를 보냅니다.

모쪼록 변함없이 소외된 이웃을, 내 가족 내 부모를 섬기는 마음으로 더욱, 더 봉사하시기를 바라며 다시 한번, 아름다운 시의 언어로 인해 내일은 더 좋은 행복한 세상이 되리라는 희망을 가져봅니다.

축복합니다.

2020년 12월

전) 농림부 장관 **김 영 진**

추천사

혼탁한 대지에도 고귀하게 피어나는 우리의 따뜻한 이웃 김보미 시인님의 첫 시집 '지금 사랑하고 다시 사랑하라' 출간을 두 손 모아 축하드립니다.

김보미 시인님의 시 중에 〈연꽃 여인〉을 읽었습니다. 연꽃은 진흙 속에서 자라는 청결하고 고귀한 식물이며, 예로부터 생명의 창조, 번영의 상징으로 사랑받아온 꽃입니다.

그 의미처럼, 김보미 시인은 심성이 고운 소녀의 마음으로 구리시 하늘 아래 축복봉사단의 리더로서 이웃에게는 공동체의 희망을 배달하고 지역사회에서 더불어 함께 살아가는 신뢰와 화합의 온정을 전파해주셨습니다.

사상 유례없는 세계적 대유행 신종 코로나19 팬데믹 상황에서도 축복봉사단은 그늘진 우리 이웃에게 '상심하지 말라' 하시며 용기를 북돋아 주었습니다.

감염 우려로 외부 활동이 어렵게 되신 어르신들에게는 1:1 매칭으로 소외감과 우울감을 치유하고, 혹여나 건강을 잃으실까 가습기, 텔레비전 등 개인별로 특화된 후원물품 등을 손수 마련하여 전달하기도 하셨습니다.

뿐만 아니라 소외된 분들을 향한 의료지원, 집수리 봉사, 음악 봉사, 무료 청각검사, 바자회 축제 행사, 무료급식 등 이루 헤아릴 수 없는 수많은 선행은 이미 지역사회의 귀감이 되었습니다.

그리고 세상 사람들에게 인생이란 무엇인가에 대한 주옥같은 글, 진솔하고 꾸밈없는 '연꽃여인'으로 삶에 지친 힘든 이들과 함께 사람 사는 세상! 또 다른 길을 동행하려 하십니다.

20만 시민을 보듬어야 하는 시장으로서 늘 이웃을 보살폈던 그동안의 여정에 아낌없는 경의를 전합니다. 너무나 고맙습니다.

문득 "만리길 나서는 날 처자를 내맡기며 맘 놓고 갈 만한 사람 그 사람을 그대는 가졌는가!"라는 함석헌 옹의 시가 생각납니다.

구리시는 그대를 가졌기에 세상을 살 만한 가치를 느낍니다. 다시 한번 김보미 님의 첫 시집 『지금 사랑하고 다시 사랑하라』의 출간을 축하드리며, 앞날에 무궁한 발전을 기원 드립니다. 감사합니다.

2020년 12월
구리시장 **안 승 남**

추천사

 자신이 속해 있는 시공간에서 주위에 선한 영향력을 미치며 빛과 소금의 사명으로 살아야 함은 누구나 알고 있는 우리 삶의 명제이지만 이를 실천하기란 매우 어려운 것 같습니다.

그러기에 이를 몸소 열심히 실천하고 있는 분들을 만나면 한잔의 생명수를 한잔 마신 것 같이 마음이 청량해지며 스스로 도전을 받게 되곤 합니다.

김보미 단장을 만난 것은 저로선 행운인 것 같습니다. 봉사와 헌신의 소명 충만한 삶을 치열하게 살고 있는 김보미 단장의 모습을 보노라면 그 열정과 기운이 저에게도 전파됨을 느끼며, 심화되어 가는 사회적 양극화로 날로 팍팍해져 가는 우리 사회에 희망의 빛을 보고 있는 것 같기 때문입니다.

김보미 단장은 우리 사회의 소외된 약자들을 사랑과 희생과 정성으로 보살피는 '대한민국 축복봉사단'을 매우 성공적으로 이끌고 있습니다. 날로 커지는 '축복봉사단' 사업규모를 섬기는 리더십으로 감당하며, 디지털혁명시대에 부응하여 봉사단 조직을 보다 효과적으로 관리하기 위해 매우 바쁜 일정 중임에도 시간을 쪼개어 제가 속해 있는 대학원에서 면학에도 열중하고 있습니다.

 이번에 김보미 단장이 그간 틈틈이 써온 시들을 묶어 시집을 출간하게 된 것을 마음깊이 축하합니다. 김보미 단장이 수행해 오고 있는 열정적이고 은혜로운 봉사와 헌신의 활동들의 원천이 되는 김 단장 자신의 영혼을 아름다운 시어로 빚어냈기 때문에 시의 깊이와 진정성이 더욱 강하게 느껴집니다.

 아무쪼록 김보미 시인이 이번에 출간한 시집 「지금 사랑하고 다시 사랑하라」, 그 제목처럼 우리 사회에서 '이웃 사랑'의 마음과 솔선수범이 널리 널리 전파되기를 기원합니다.

 (전) 광운대학교 부총장
 (현) 광운대학교 경영대학 명예교수

교수 **김상훈**

추천사

우연한 기회에 축복봉사단 김보미 단장님을 만나고 헌신과 봉사의 의미를 다시 깨닫게 되었습니다.

군인의 길을 걸었던 저와도 공감하는 부분이 있어 김 단장님의 봉사의 길이 좋아 보였나 봅니다.

봉사가 삶이 되어버린 김보미 단장님이 지난 10여 년간 틈틈이 써온 글들을 묶어서 시집을 발간하였다고 하니, 진심으로 축하드립니다.

삶의 무게와 영혼의 깊이가 느껴지는 글들은 우리 마음에 잔잔한 울림을 줄 것입니다.

다시 한번 아름다운 시집 출간을 축하드리며, 코로나로 어려운 시기에 많은 분들이 이 시들을 통해 서로 위로받고, 새로움을 느끼길 바랍니다.

2020년 12월
전 국군복지단장 소장 **김갑수**

추천사

　유난히도 비가 많았던 여름, 멈추지 않는 코로나로 힘든 시기를 보내고 있는 병자년 올 한해도 저물어가고 있습니다.

　이런 어려운 시기에 이웃과 가족의 소중함을 느끼게 하는 가슴 따뜻한 정을 나누어준 BMK대한민국축복봉사단 김보미 단장님을 비롯한 봉사회원님들의 헌신적 노력에 진심으로 찬사를 보냅니다.

　김보미 단장님은 오랜 기간 품었던 배움에 대한 갈망을 이루고자 바쁜 일상생활 속에서도 올해 광운대학교 경영대학원에 진학하여 학업에 매진하고 있습니다. 봉사자로서 보다 전문성을 기르고 자기계발을 위해, 처음 접하는 학문이지만 원우들과 토론하고 협력하는 가운데 서로 소통하고, 새로운 지식을 접하며 스스로 깨우치기 위하여 향학열을 불태우고 있습니다. 또한 대학원 원우회 임원으로 활동하며 학우들을 위해 많은 봉사를 하고 있습니다.

　우리는 지금까지 경험하지 못했던 새로운 일상을 매일매일 만나고 있습니다. 이런 어려움 속에 나눔문화의 확산으로 소외된 이들에 대한 관심이 어느 때보다 커져만 가고 있습니다.

　마더 테레사 수녀는 "얼마나 많이 주는가 하는 것은 중요한 것이 아닙니다. 작더라도 그 안에 얼마만큼 사랑과 정성이 깃들어 있는 가가 중요합니다. 저는 결코 큰일을 하지 않습니다."라고 말씀하셨습니다. 이 말씀을 실천하고 계신 분이 바로 김보미 단장님이 아닌가 생각됩니다.

　코로나 19상황에도 취약계층 지원과 지역 사회 어려운 이웃을 위해 묵묵히 봉사해온 BMK 대한민국 축복봉사단의 사랑과 그간의 활동 모습을 마음으로 녹여 엮은 김보미 단장님의 시가 책자로 만들어지게 된 것을 기쁘게 생각하며, 따뜻한 나눔의 현장을 널리 알리고 더불어 참여할 수 있는 길을 열어가는 좋은 힐링서로 모두의 가슴에 따뜻함이 전해지길 바랍니다.

2020년 12월
광운대학교 경영대학원 교수 **박 원 희**

울봄-우리의 봄

김보미 단장님,
아니 시인 울봄 김보미님과의 첫 인연은 2019년 겨울 모 정당의 교육행사에서 맺게 되었다.

이후 봉사활동을 하면서 옆에서 본 단장님은 항상 밝고 긍정적인 모습에 당차보였고 조용하면서도 강력한 카리스마가 매력적인 분이었다.

태어나서 곱고 아름다운 말보다는 거친 말을 먼저 배우고, 사용하는 언어의 태반이 거칠고 험한 말인 나에게 추천사를 부탁하셔서 못 쓴다 하였는데도 본인 맘이라는 괴짜 같으신 분이시기도 하다.

글재주도 없는 나에게 추천사를 부탁하여 다른 사람에게 써달라고도 해 보았는데 그건 예의가 아니다 싶어 머리를 쥐어짜 보고 보내주신 시도 계속 읽어 보았다.

시인의 깊은 마음을 다 헤아릴 순 없지만 단장님의 사람에 대한 사랑과 진심이 시에서 느껴진다.

'지금 사랑하고 다시 사랑하라'라는 시집 제목처럼 우리 살아가는 사회도 작은 사랑을 매일 실천하며 살아가는 사람이 늘어나길 바란다.

2020년 12월
교보생명 노동조합 위원장 **이홍구**

추천사

 김보미 시인님의 처녀시집 출간을 진심으로 축하드립니다. 김보미 시인은 〈아가야〉의 시 내용처럼 내면이 깨끗하고 순수한 소녀 같은 아름다운 심성과 선한 마음으로 봉사의 삶을 살아오고 있는 분입니다.

 내면의 아이, 순수한 아가 같은 마음, 착한 마음으로 시를 쓰고, 놀라운 카리스마가 있는 실천력으로 어려운 이웃을 돕고 있는 봉사의 여왕 김보미 단장님, 존경하고 귀감이 됩니다.

 필자와의 인연은 봉사단체 행사에서 시작되었고 필자가 진행하는 생명존중전문강사 자격과정에서 만나면서 김보미 단장님의 진면목을 많이 보게 되었습니다. 대한민국축복봉사단을 이끄는 리더로서 작은축복도서관 관장으로 지역사회에 많은 봉사활동을 이어가는 그분과 힘겨워 삶을 포기하려는 사람들을 전문적으로 상담해 주는 저의 마음이 서로 통하게 되어 지금까지 함께하고 있습니다. 희망이 없는(hopelessness) 사람들, 즉 삶을 포기하려는 사람들, 절망적인 사람들, 내면의 핵심감정이 많은 상처 받은 사람들에게 전문적 상담을 통해 희망의 불씨를 주고 생명의 소중함을 실천하는 생명지

킴이(gate keeper) 역할을 성실히 수행하고 있습니다.

 김보미 단장님의 시를 읽어보면, 진솔하고 꾸밈이 없는 있는 그대로의 글로 우리들에게 깊은 울림을 줍니다. 특히 삶이 힘들고 어려운 사람들이 이 시를 읽으면 공감대가 형성이 되고 정화작용(catharsis)이 일어나 치료적인 효과가 있을 것입니다.

 늘 바쁜 여건 속에서도 귀한 시집을 출간하게 된 것을 다시 한번 진심으로 축하드립니다. 많은 분들이 이 시집을 읽고 희망을 가지셨으면 합니다. 고맙습니다.

2020년 12월
한국자살예방센터장/ 우석대 외래교수 **정 택 수**

추천사

세상에 어려운 사람들의 희망이자 등불인 김보미 단장님!

대한민국 축복봉사단 단장님의 주옥같은 시를 모아서 발간하는 시집에 먼저 축하의 말씀을 전합니다.

오늘도 전국으로 봉사할 곳을 찾아 누비는 봉사왕 김보미 단장님!

고려대명강사최고위과정 명강사경진대회에서 명강사 대상을 수상한 명강사 김보미 사무총장님!

따뜻한 정이 살아 숨 쉬는 축복봉사단을 이끌면서 쓰신 시는 가슴에 촉촉이 와닿더이다.

엄마라는 이름은 간섭이고 아픔이고 원망이더니 어느덧 사랑이고 그리움이고 고마움이다.

'엄마라는 이름은'이라는 시 속에서 '그냥 엄마와 엄마가 된 후의 엄마'라는 표현을 읽으면서 감성과 표현력이 탁월함을 다시 인정하게 되었습니다.

대한민국 축복봉사단장 김보미

명강사 김보미

시인 울봄 김보미

축하드립니다.

더욱더 승승장구하시길 빕니다.

2020년 12월
고려대 명강사최고위과정 대표강사/ 성공사관학교총장
서 일 정

준을 위한 시

울봄 김보미

한 걸음도 아슬한 아픔이
천사의 목소리로 잊게 하고

곱게 말아 감은
손톱 길이만큼
세월에 사연도 많아

굽이굽이 흐르는 눈물을
곱디고운 목소리로
승화시키고

라일락 꽃향기만 남기고
듣는 이에게
가슴 울림을 주는 이

 **엄마**

글: 황서희

엄마라는 사람은
나에게 살과 뼈
장기를 주고
사랑한다는 마음을
주는 사람이다

내가 힘들 때
옆에 있어주는 사람
내가 기댈 수 있는 사람
그게 바로
진정한 엄마다

인생

울봄 김보미

걷다 보니
그만 걸어야 된다고
바위도 그늘도 구름도
쉬라 하는데

두 아이들 부름에
또 걸어간다

걸어가다 뒤돌아 보니
보이지도 생각나지도 않는 길
무어라고 짐 지고
뜨겁게 뜨겁게 걸어왔는가
허리는 저미고
눈은 낙엽 되어 걸어왔구나

한 순례자의 목덜미가
하야사리 고와
가리우고 걸어간다

붉은 눈물이 꽃잎 되어
입술로 남아서 걸어간다

나를 위해 천 년 된 석등에
불을 피워줄 이 있던가

내가 조금

울봄 김보미

내가 조금
더 사랑하면

내가 조금
더 기다리면

내가 조금
더 버리면
내가 조금
덜 울면

그대가 편하게
내 곁에 머무는
노을이 되었을 것을

연꽃 여인

울봄 김보미

혼탁한 대지에도
순결하고 고귀하게
피어나리라

향기는 은은하여
과하지 않게 하고
지조는 견고한 뿌리
깊이 내려 품으리라

너만을 향한
옷고름의 자수는
치열하게
진흙을 걸러낸 붓으로
얇고 투명한 수면 위에
고운 자태를 휘어감아
그리리라

발그레한 볼을
그대에게만 비추는
연꽃을 품은 여인으로
살다 지리라

황포돛대

울봄 김보미

가는 길을 모를 때
멀리 가는 배를 타라
어디부터 어디까지
처음과 끝을
큰 가슴으로 보는
배를 타라

하얀 깃대에
태양 색 황토가 스미어
비바람에도
너를 보호하리라

황포돛대에 앉아
가슴을 열어라

 心

울봄 김보미

급히 흐르는 물은
지나간 흔적이 남고
낮게 흐르는 물은
소리가 요란하고
멈추어 있는 물은
이끼가 피어나고
깊은 물은 고요하고
심히 요동치 아니한다

염원

울봄 김보미

광배의 청동빛이
무릎 꿇는 고승의
목탁 소리 가을비에 녹아
촛불 사이로 내려온다

우산 접은 학 한 마리가
봉황이 되어 향을 피우고
꿈속에서만 보던 물결 속
용의 여의주가 광배 위로
수염 속에 촉촉하다

부처의 하늘을 다 덮어줄
우산을 펴서 막아 주리라
용마루에 염원을 적어
소나무 향 가득하게
올라간다

내 너를
무엇이란 이름으로도
지켜주고 지켜 주리라!

백제 금동 대향로

울봄 김보미

사비성 천정전 마지막날
너를 지키러
목조 안에 비단을 싸고
진흙을 고이 감아
달리고 파내어
깊은 수로 안에 모시고
역사의 기와로 덮어
진심을 감추었다

진실은 인고의 세월
빛바램 없이 고고하니
물을 다스리는 용신
네 발톱이 웅장하다
천상의 연꽃으로
악사들은 노래하니
수많은 염원을 간직하며
열두 개 연기로
봉황의 두 가슴에
연기로 하늘을 만난다

고찰

울봄 김보미

고양이 한 마리
천년을 지켜온 목조 처마를
한없이 바라본다

누구를 그리는 눈길인지
인적에도 꿋꿋이 한곳에 머문
그리움

수키와 암기와가 오래되어
하나같이 흐려도 능선 가득 담은
세월의 시간이 그곳에 추억이
공간 속에 멈추어 있게 한다

다시 그곳에 가면
그 추억의 거북목이
흐르는 강물의 이끼 타고 올라
선명하다

너와 천년의 추억을

처마 끝 목어에 곱게곱게
오색찬란한 비단 줄에 묶어 놓고
바라본다

아버지

울봄 김보미

부드럽게 펼친 두 팔에
촉촉한 입가에
불리는 이름이여

거북의 목을 길어 내어
기약 없이 바라보던
이름이여

지갑 속에 숨겨두고
보고 싶어도
이름 모를 이름이여

아버지 아버지
그립습니다

아버지 아버지
가슴으로만
외치는 한마디
아빠 사랑해

떡볶이
국물에
어묵과
무를 같이
나누던
친구의 맛이
그립다

— 은봉 김보미

그리움

울봄 김보미

지나간 열사의 태양도
푸른빛을 잎에 가득 안고

너를 애타게 그리던 꽃을
내 가슴 깊이 피워내었다

잎은 지나간 여름에 피고
나는 이제야 꽃을 본다

만나려 하면 지는 그대는
그리움이고 사랑이더라

 역전앞 커피

울봄 김보미

데굴데굴 쳇바퀴를 돌듯
몸을 비비며 아우성치는
콩 볶듯 하는 세상에
커피의 쓴맛이
입맛을 당긴다
심장소리와
수많은 눈동자들이
무심히 스쳐갔을
낯선 역전 다방에
하나의 얼굴만 또렷하게
찻잔 속에 담긴다

콧노래로 흥겨운
낡은 전축의 쉰 소리와
가끔씩 기적소리가
옆자리에 비집고 앉는다

따뜻하게 블렌딩된
커피 볶는 향에 취해

그의 회색 목도리가
내 가슴에 둥지를 튼다

역전앞 커피는
그대의 향기로 가득한
추억이었다

별을 삼키다

울봄 김보미

사람은 가고
너를 기억하는
여명은 오늘도
별을 품었다

사람은 가고
너를 기억하는
달그림자는 별을
삼켜 버렸다

묵묵히 너를 녹이며
언 발을 꽃솜뭉치로
받쳐주던 너는 가고
선명하게 찍지 못한
사진만이
너를 기억한다

설익은 사랑

울봄 김보미

누구나 혼자라는 걸 느낄 때
떠오르는 태양과
지는 해를 본다

외롭다고 가지려 해도
가질 수 없어 돌아선
옷깃이 더 애틋하다
시간이
공평하게 흐르는 것에
위안을 삼으며
견디고 기다릴 줄 아는
사랑도 배워야 한다
난 아직도
서툰 사랑을 하나 보다

 운명

울봄 김보미

저 달을 비추는
바다의 빛처럼
다가와 비춰주오

저 달을 허락한
바다의 맘으로
오늘은 함께 있어주오

다시 사라지고
해가 비치면
그대 잊지 말고
대지를 비추듯
다시 나를 비춰주오

가질 수 없고
사랑하면 안 되는 사람을
비추고 사랑하는
붉은 달을 용서해 주오

친구에게

울봄 김보미

불러도 불러도
돌아오지 않을

나의 벗아
그리움이 깊어
너의 이름 한 글자를
못 써내려 가는구나

맛 깊은 된장처럼
늘 생각을 끌어당기니
보고 싶구나
나의 벗아

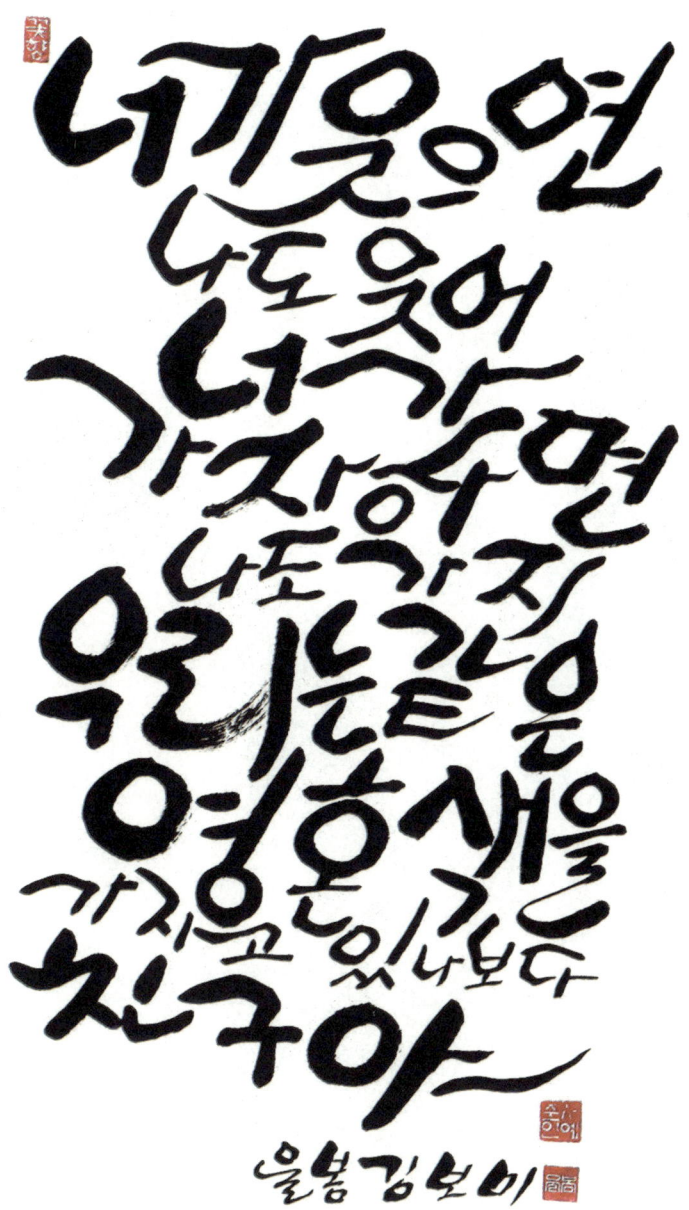

지금 사랑하라

울봄 김보미

한 사람을 만난다는 건
노을이 사라지고
달이 보이고
별빛이 뜨는 세월이
내게 하루에 오는 것이다

한 사람을 사랑한다는 건
노을을 느끼고 달을 품고
별빛이 뜨겁게 키스하는
하루가 멈춰주는 것이다

한 사람을 잃는다는 것은
그 노을과 달과 별이 하루에 없어지는 것이다
그러니 오늘
사랑하고 사랑하라

생명의 향기

울봄 김보미

들풀에 이름을
정하지 마라
잡초라고
누가 지은 이름이더냐

난초의 기품은
깊고 잔잔하다
싹이 보이지 않는다고
죽은 것이 아니다
잎대를 올리는
생명의 기다림을 배워라

백합 향은 짙고 강하다
생명이 자라나서
품은 향기를
얕은 지식으로
판단하지 마라

공평한 저울로
필요한 이에게
아낌없이
향기를 내어줌에
감사하고 기도하라

 기다림

울봄 김보미

유혹하는 고래의
지느러미처럼
고운 모래놀이
바람 소리 파도 소리
떠나고 싶지 않아
바다만 바라본다
그대 내게 있어
밀물과 썰물이 되어
오실 때처럼 가실 때도
그립다
눈을 감고
그대 오는 밀물 소리 들리면
내 속눈썹이 그대 볼에
키스할 때까지
눈을 감고
그대 오는 소리만 듣고 싶다
눈을 뜨면
고래가 숨을 쉴 듯하다

천년향

울봄 김보미

백 년도 살지 못하는 인간에게
너는 무엇을 말하고자
천 년을 기다리는가

한곳에 해를 바라보며
푸른빛을 내고 있는가

쉬이 색을 바꾸는 인간에게
너는 무엇을 말하고자
천 년을 바라보는가

천년향에 그대를 두고
영원을 언약하노라

응원

울봄 김보미

너를 그 자리
그곳에서 바라보고
서있을 테니

너는 저 높은 산등과
수막새를 밟고
비상하라

늘 자유롭게
존재하라

내가 그 자리
그곳에서 기도하고
절하고 기원하는
변함없는 노래를
하고 있을 테니

너에게

울봄 김보미

너에게 난
가늠할 수 없는
주사위 놀이 같은
앞이 보이지 않는
터널을 더듬는 인생길에

작은 틈이 있어
해가 들어오고
단단한 거북바위 틈에도
작은 씨앗이 있어
생명이 크고

홀로 서있는 외로움 속에서
작은 희망을 보듯
너를 만났다

사랑하고 사랑한다

 **자수정**

울봄 김보미

보랏빛 자수정
그대의 눈가에 비추어
동공 속에 핀 자수정

그대의 입가에 비추어
은하수 속에 핀 자수정

그대와 함께 보아
빛남을 이끌어주는
손길이 옳음을 쓰담아주는

내 얼굴에 가득 핀
보랏빛 자수정 꽃다발이
별이 되어
내 가슴에 박혔다

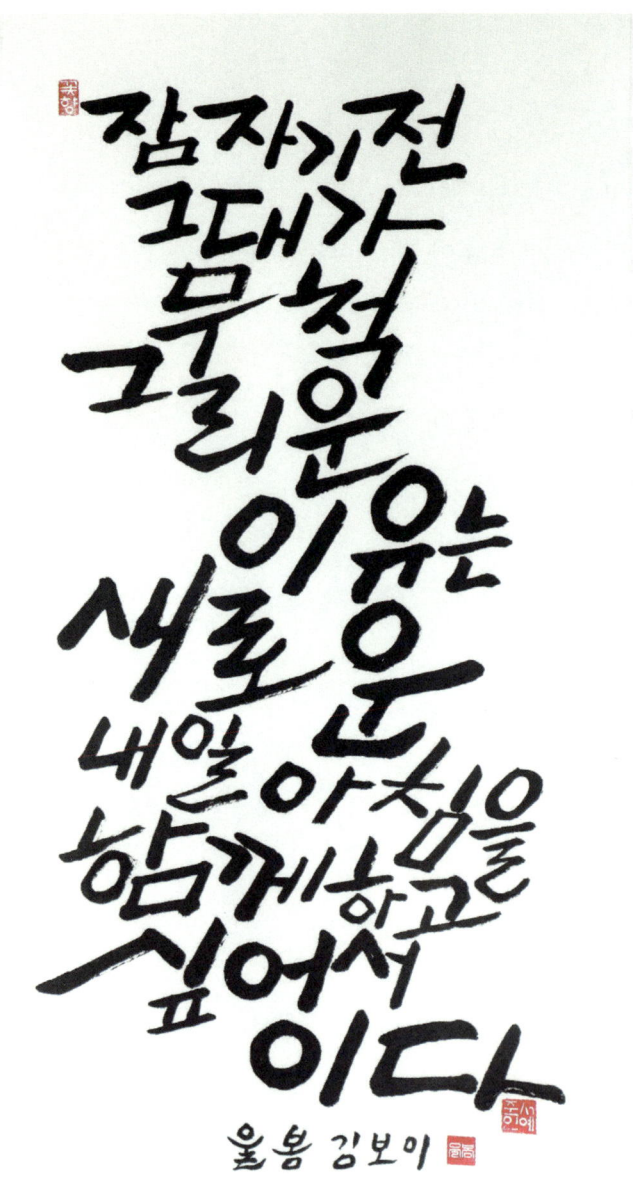

쉼

울봄 김보미

지게 짐 내려놓고
조금 앉아보아라

조금 늦췄다가
조금 쉬었다가
그리 간다 해도
그리 산다 해도
아름답고
잠시 돌아보아도
아름답다
쉼은
늦어지는 것이 아니라
돌아가지 않는 것이다

지게 짐 내려놓고
조금 앉아보아라

조금 늦췄다가
조금 쉬었다가

그리 간다 해도
그리 산다 해도
아름답고
잠시 돌아보아도
아름답다
쉼은
늦어지는 것이 아니라
돌아가지 않는 것이다

하얀 연탄

울봄 김보미

수동면 외딴 마을
슬레이트 지붕 아래
8학년 3반 설익은
백발이 빗질을 한다

구들장 아랫목에도
구공탄 스물두 살
오직 한길로
불길을 열고
하얗게 늙어간다

이것도 인연인 듯
동무가 되어주니
갈라진 문풍지 틈으로
온기가 다리를 뻗는다

백탄아
산산이 부서뜨려
다음 생은 쉬 늙지 않는
바위로 태어나자꾸나

민주주의

울봄 김보미

어슷 눈바람이
내 볼에 살다
사라진다
얼었던 눈망울들이
아이들이 내민
고사리 핫팩에 녹는다
모두 이때만큼은
활짝 미소를 짓는다
일촉즉발의 전쟁터에도
꽃은 피고 아기는 웃는다
다 같이 웃으려고
살아가야 한다
그것이 시위의
목적이어야 한다
아이들의 눈망울 가득
미소를 주는 눈이
오늘도
내렸다 녹았다

소보로빵

울봄 김보미

한 겨울 작은 눈을 보며
한 아름 웃으시며 주시던
할아버지의 소보로빵
동글동글
살쪄서 걱정이라며
살포시 안아주시며
큰 미소로 놀리시던
할아버지의 소보로빵
한겨울 빵집 향기 앞에서
그 미소 그 맛과 향기를
기억하려고 두 개 세 개
잊지 않으려고 한 개 두 개
다시
또 다시 먹어보는
할아버지의 소보로빵

순리

울봄 김보미

꽃을 꽃으로만 보아라
나를 내가 보면 된단다
꽃의 가시를 탓하지 마라
너를 너가 보면 된단다

자연의 섭리를 감사하라
흙이 하늘에 떠있지 않고
구름은 흙 아래로
날지 않는단다

그들만의 순리를
받아들이면
너는 구름도 되고
꽃도 된단다

그리움에 대하여

울봄 김보미

그대 와주오
이슬 맺혀
토란잎에 굴러가듯
비가 흠뻑 적셔도
목화솜 뭉치 부풀거든
바람 타고 와주오

햇살이
잠든 호수에 빠져들면
눈이 부셔
잠깐 감고 뜰 때
순식간에 와주오

그리움은
낙엽 밟는 소리도
그대를 닮았고
뽀드득 눈 밟는 소리도
그대를 닮았으니

그 소리가 들리거든
한걸음에 와주오

알사탕 양볼에 물고
함빡 웃어주던
그대 와주오

신륵사

울봄 김보미

세속의 근심 지고 도착한
여주 황포돛대 정좌
강가에 무심히 육백 년 지켜온
부도탑에 얹어놓고

층층이 연꽃 띄워 박은
기와 탑에 한 사람
자아를 인지하며
나를 잡아주는 자리

총총히 묶어
고이스럽게 접은 종이에
작은 사랑 고백
수줍게 적어 묶어놓고

휘어감은 향나무를 한 소녀가
백발이 되도록 받치고 있는
정조의 향기로 살포시
누르고 왔다

그대 탑이 되어 그곳에 섰고
마음도 탑 그늘에 서 있다

백마강

울봄 김보미

낙화암 붉은 글씨에
떨어진 꽃잎들은
고란사 난 꽃으로
너와 나의 근심은 향초로
너와 나의 갈증은 약수로
고란사 대웅전 자비로
살아난다

근심은 가벼이
백마강에 두고 흐르는
강물 위의 키스는 달다

지키는 이 없는
고찰의 나무는
어느 고승의
사리의 뿌리인가

부처의 미소는 인자하고
목탁 소리 기도 소리
고요하니 모든 것이
돌고 돌아 살아난다

인생 살다 보면

울봄 김보미

인생 살다 보면
봉우리를 구름에
걸쳐 넘어가고
강변의 토사도
부드럽게 밟고 가고

폭우 다음 쏟아지는
폭염에도 감사해야 한다

그날그날 버리고 내리고
항상 감사해야 한다

인생 살다 보면
너와 내가 있음에
그날그날 최선을 다해
그저 감사해야 한다

인생의 벗

울봄 김보미

눈을 녹여
길을 내어주는 사람
외로운 어깨를
덮어주는 사람
그대 내게 있어 따스함이다

아침이 궁금해 묻는 사람
저녁이 그리워 묻는 사람
그대 내게 있어 간절함이다

수많은 세파를
바위 끝에 턱을 걸고
잔뿌리로 버텨낸
소나무의 향기가
어제의 모진 바람
온몸으로 막아
푸르게 푸르게 멍들어
청솔이 되어주니
그대 내게 있어 고마움이다

사랑하고 사랑하고
또 사랑하오
그대들이 바로
내겐 사랑이오

 아가야

울봄 김보미

아가야
청명한 바다를 만나거든
그저 너의 꼬물거리는
발을 내밀면 된단다
토닥토닥
바다가 널 위로해 줄 거거든
바다는 내려가도
모래가 반짝여줄 거란다
아가야
그저 내밀어보면 된단다
산다는 것은
밀려왔다 멀어졌다
다시 밀려온단다
그러니 걱정하지 말아라
그저 너의 꼬물거리는
발을 내밀면 된단다

기도

울봄 김보미

멀찍이 바라보는
등 붉은 십자가는 구원자가 매달린 장대

작고 높은 지붕 위에
튤립 꽃 향기 가득하다

그와 기도로 맺은 약속
삶의 짐을 나눈
언약이어라

주님은 내 안에서
그대 안으로 통하는
사랑으로 살아나리라

무지개

울봄 김보미

빨주노초파남보
끝을 명주실에 묶어
알록달록 색을 물들여
네게 선물해 주리라

힘들지 않게
혼자 울지 않게
길 잃어 헤맬 때
손을 놓치지 않게

알록달록 고운 빛으로
네게 선물해 주리라
무지개가 너의
발걸음 따라가도록
선물해 주리라

무지개는 일곱 개의
희망이고 사랑이고
소망이고 꿈이고
미래이고 행복이고
바로 너이니까

동무

울봄 김보미

사각 책가방 나란히 메고
네모난 나무 책상에 걸터앉아

삼단 자동 연필통 열면
어린 날의 추억이 보인다

아이들과 먹던 떡볶이에
오뎅 국물에 무를 꼭 물던

너구리 뽀글뽀글 놀던
지우개 금 가르고 나누던

친구들이여
추억들이여

익어가니 더욱
선명하게 보이는구나

고심하지 않게 하소서

울봄 김보미

해가 뜨는 여명에도
해가 지는 석양에도
고심하지 않게 하소서

다 같은 인간인지라
이해하게 하소서

자갈밭에 넘어져도
눈가에 붉은 꽃 피어도
고심하지 않게 하소서

산봉우리에서
내려다보는 백 세의 노송도
세상을 다 알 수 없어
홀로 청정하다 하지
못하리니

오늘도 고뇌하며
양심에 통곡하더라도
맑고 고운 모싯잎 덮는
배움의 길만 가게 하소서

너의 꽃

울봄 김보미

너의 꽃으로
살아가는 것은
그대가 나의
씨앗을 심어 줌이고

너의 꽃으로
살아가는 것은
그대가 나의
뿌리가 되어 줌이고

바람을 벗 삼아
날아 가다가
그대라는 텃밭에 앉아
쉬어 줌이다

그리하여
너의 꽃으로
나는 살아가노라

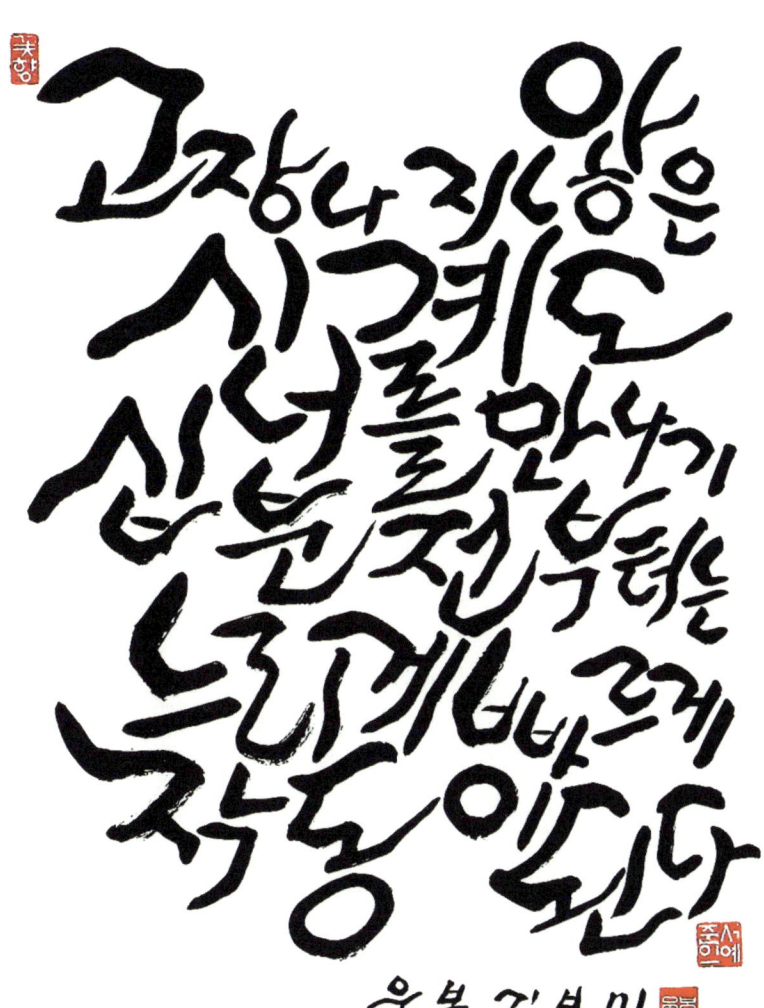

낙화의 미

울봄 김보미

만개하는 꽃의
향스러움보다
지는 낙화의 숙연함이
왠지 아름답다

낙화가 더 아름다운 이유는
다시 필 줄 아는 지혜가
줄기에 남아 있기 때문이다

능선이 고운 산에
걸터앉아 한숨 쉬고
다시 만개하여 물들인다

격려

울봄 김보미

그대여
상심하지 말라
청초하게 빛은 나고
구름 걷히니 해가 나고
바람은 지나가고
국화향기 가득하고
대나무는 흔들리고
그 자리에 녹음을 지킨다

그대여
상심하지 말라
한걸음 다가가 안고
다시 놓지 않고 싶다

산다는 것은 그저 아름답다

울봄 김보미

검은 동공에
별을 넣어 빛나리라
오늘을 반성하는
메아리여 퍼져라

난파된 나뭇조각에도
태양은 공평하다
양심을 오래된
서랍 안에 두지 마라

모르는 글자로
너를
유혹하게 하지 마라
돌아보는 인생길
무지개가 피리라
그저
살아있다는 것으로
아름답게 피리라
아름답고 빛나는 것이
인생이다

목련 키스

울봄 김보미

진초록 잎 공손히 펼친
순결한 그녀 목련
꽃잎 하나 입에 무니
짙은 자국 그려지고

너를 향한 마음
반딧불빛에 비추니
고단하게 흐르는 달도
오늘은 멈추어 비춘다

한겨울의 백설도
초봄의 번개 소리도
고요하게 흥얼거리며
꽃잎에 입 맞춘다
사랑하오 나의 목련

가을

울봄 김보미

대추 밤톨 도토리
코스모스 낙엽
그리고 국화까지
가을은 붉은 잔치로
여인은 치마폭을 펼치며
임신한 딸을 보듯
정성스럽게 가을을
주워 담는다

넉넉함이 가슴을 부풀려
하늘을 날아올라
품은 사랑이 익어간다

굴뚝 연기도
붉은 구름 속으로
손을 내민다

비

울봄 김보미

쏟아지는 수억 개의
작은 영혼이
푸르고 붉고 영롱한
물감으로

살짝 몰래 하는
일탈이 녹아있는
아름다운 풍경화가 되어
내 가슴에 그려졌다

인연

울봄 김보미

꽃도 피고
사랑도 핀다

옷고름 나비도 매듭지어
첫날밤 붉은 볼이
곱디고운 꽃

순진한 눈썹에 맺힌
이슬 닦아주며
두툼하여 무심한 손길로
맹세하던 나비

선녀의 날개 고이 접어
자수로 한복 고름에
수놓아두고
백년의 맹세를 바친
나비 곁에
고이고이 간직합니다

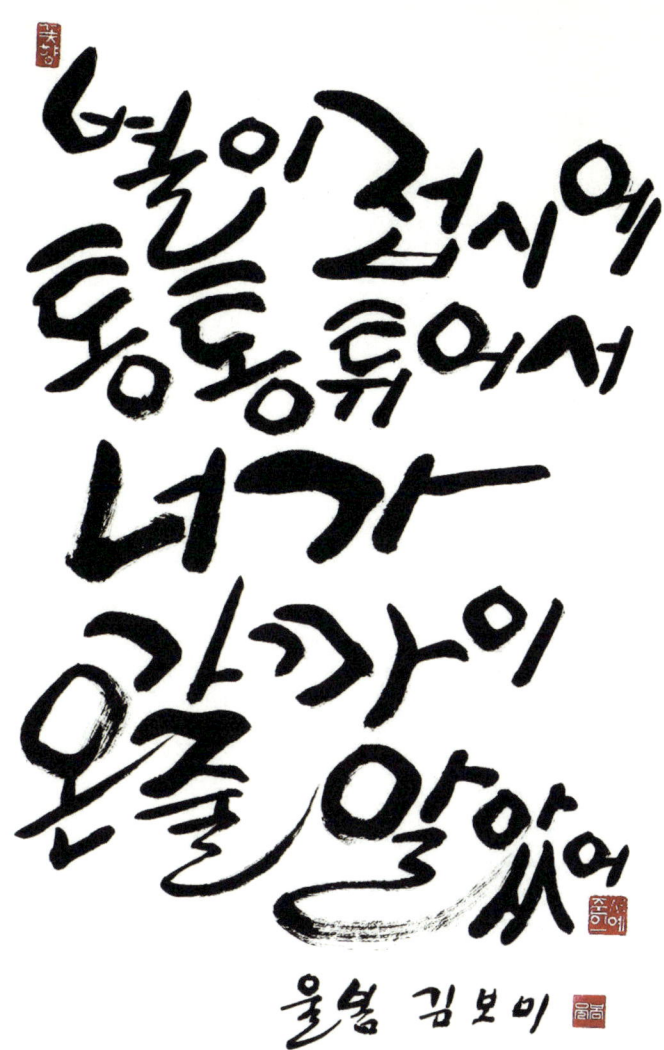

파라오

울봄 김보미

자칼의 열쇠를 고양이 모양
구멍에 돌리면

마법처럼
석문이 열리고

모래바람이
다리를 잡아도

고대의 미래로
미라는 미로를 풀어

피라미드 정상에
서있으리라

길

울봄 김보미

인생길은 계단이라
넘어가기 힘들어

하나하나 차근차근
올라가야 하는 길

너와 내가 잡은 손에
축복이 가득하기를
바라는 눈빛으로
바라보는 인생길에

너와 나의
미래가 보인다

엄마라는 이름은

울봄 김보미

어린 손 갈라지도록
큰 어깨가
좁아져 있구나

고운 꽃은 주름이 지고
잔소리에도
힘이 빠져 있구나

침을 삼키기도 아플 때
벌거벗은 몸을
입혀준 사람

엄마라는 이름은
사랑이고 아픔이고
원망이고 그리움이고
고마움이다

엄마라는 이름은
또 다른 나의
이름이더라

운명

울봄 김보미

저 달을 비추는
바다의 빛처럼
다가와 비춰주오

저 달을 허락한
바다의 맘으로
오늘은 함께 있어주오

다시 사라지고
해가 비치면
그대 잊지 말고
대지를 비추듯
다시 나를 비춰주오

사랑하면 안 되는 사람을
비추고 사랑하는
붉은 달을 용서해 주오

날 불러주오

울봄 김보미

가는 길에
밀어주는 힘이 없어도
같이 걸어가주는
힘이 있어라

눈을 감고도
보일 때가 있고
눈을 뜨고도
그리울 때가 있어라

떨어진 곳이 어디라 해도
시 한 편 마음 담아
편지함에 붙이리라

시~처럼 사모하고
시~처럼 추억하고
시~처럼 아름답게

인생 한세상
가는 길에 보고 싶거든
언제든지
내 이름을 불러주오

도전

울봄 김보미

철봉에 매달려
줄다리기를 한다
결코 이길 수 없는 싸움
심장이 경고음을 울린다
눈알이 시려와 줄을 놓는다

이대로 장갑을 벗을 순 없다
물을 마셔도 갈증이 난다
성공의 갈증은 물보다
찐하다
무디어진 눈썹을
다시 힘주어 올려라

아직 도착 못 한 바다와
쉬 내주지 않는 산을 넘고
언젠가 마주할 도전의
열매를 가득 담고 싶다

샘솟는 열정이 있다
실패한 시간들은
등 뒤에 세워라
내일은 가슴의 갈증을
씻으리라

그리하면 잘했다

울봄 김보미

새날 첫 시간들이 울어댄다
크고 작은 마음들이
선물더미를 이루어
나눌 것이 웬만한데
눈 안에 차지 않아
마음이 운다
그래도
그리하면 잘했다

한 뼘을 걷는 아기도
한 폭을 걷는 청춘도
지팡이 더듬어 걷는 할미도
오늘의 이 걸음은 개척자의
첫걸음 같은 것이니
그리하면 잘했다
걸으면 넘어지기도 하고
아프니까 눈물도 난다

스스로 안아줄 수 있게

신은 팔을 두 개 주었단다
너의 팔이 부족하면
내게로 오거라
아프지 않게 다치지 않게
살포시 안아주련다
그리하면 잘했다

동생이라는 이름

울봄 김보미

촘촘한 빗살로 과자 사탕 놀이하던 작은 손
서로 우유 하나로도 싸우던 작던 마음
어느 날
나보다 커진 손으로 나에게 사탕을 잡아준다

동생이라는 이름으로 전화기를 놓지 않는 큰마음
어느 날
나보다 커진 키만큼 그림자를 보태어 잡아준다

동생이라는 이름으로
인생의 벗으로 사랑한다
나의 사랑하는 동생아 보고 싶구나!

일편단심

울봄 김보미

흐르고 흘러라
흐르고 흘러라

암흑의 달 속에서
단아하고 단단하게

흐르고 흘러라
흐르고 흘러라

녹풀 사이 여명이
너를 비추고 있으니

담담히 얼음 속에서
침묵하며 매일 다짐하며

흐르고 흘러라
흐르고 흘러라

보이지 마라 보여질 때까지
나타나지 마라 내님을 만날 때까지

<u>흐르고 흐르고</u> 흘러라
그 님을 만날 때까지

월요일

울봄 김보미

내게 매주 주어지는 투명한
도화지 안에 무엇을 그릴까

첫 획이 크고 선명하면 좋을까
점 하나도 못 찍어 비어두면 좋을까

고요한 마음으로 파스텔 색을 골라볼까
열정 가득한 심장으로 원색도 뿌려볼까
고소한 누룽지 향기 아침 식사 힘내볼까

월요일은 나에게 아름다운 선율로
무엇을 그려도 아름답다
잘했고 잘했다
응원해주고 믿어주는 아름다운 작품이다

 축복의 시

울봄 김보미

지금 서 있는 두 영혼에게
손과 발이 아름답게 모아져서 꽃이 되게 해주소서
아기의 동공 가득 순수한 두 사람 되게 해주소서

봄에는 따사로운 햇살의 생명력으로
여름에는 열정적인 희망의 힘으로
가을에는 익어가는 풍요함의 마음으로
겨울에는 결실을 가득 품어 복되게 하소서

지금 두 손 잡고 서 있는 두 사람에게
봄여름가을겨울을 함께 동행하게 해주소서

한 사람이 부모의 눈물 속에 걸어가서
두 사람이 다시 부모가 되는 눈물을 흘릴 때
부모라는 이름에 감사하며 기뻐하게 해주소서

첫눈

울봄 김보미

누구에게나 첫눈은
어깨 위에도 손등에도 키스를 한다
실타래 동글뭉글 뭉쳐서 포옹을 한다

첫눈이 온다고 너를 보고 싶어함은
처음과 끝을 같이하고 싶은 심장 탓이다

누구에게나 첫눈은
콧등 위에도 입술 위에도 키스를 한다
우유거품 동글뭉글 뭉쳐서 포옹을 한다

너는 나에게 첫눈은 아니었으나
마지막 눈이기에 기다리는 내일

누구에게나 첫사랑처럼 예고 없이 눈은 오고
누구에게나 끝사랑처럼 예고 없이 눈이 멈춘다

부디 티없이 곱고 고운 결정체를 만들어라
부디 눈이 오는 날 그리운 결정체를 만들어라

꼭 안고 눈얼음 키스로 녹이며 웃을 수 있도록

베아트리체

울봄 김보미

눈을 감으면 깨지 않게 하소서
꿈속에 연옥계단을 올라가게 하소서

베아트리체여!
나의 베아트리체
단테의 베아트리체가 되었다

기억력을 없애고 앞만 보고 걸어가게 하소서
뒤돌아 아프고 가녀린 나를 버리게 하소서
우박에 꺾인 천사의 날개가 루시퍼를 잊게 하소서

베아트리체여!
나의 베아트리체
단테의 여인이 되었다.

천지창조 벽화에 박혀 오늘을 노래하게 하소서
신이 있다면 묻고 파피루스에 증거하게 하소서
프리즘 반짝이는 유리 조각길을 피하게 하소서

어린 소녀의 작고 하얀 발자국을 보호하소서

베아트리체여!
나의 베아트리체
나의 여인이 되었다

나눔의 시

울봄 김보미

천사여, 날개를 펴라
높이 올라 살펴보거라

내게 두 팔이 없다면
두 다리로 나를 움직이게 하고

내게 두 눈이 없다면
두 귀로 노랫소리를 듣게 하고

내게 가진 것이 없다면
가진 자의 팔과 눈이
너를 돕게 할 것이다

그것이 사람이라는 천사이니까

청풍

울봄 김보미

푸른 전복 껍데기가
반사되어 비장하게
굽이 날아오른다
두 다리를 날개에 바치고
곧은 수염은
정직하게 펼쳐라
머리를 굽혀서
낮게 날지 마라
구름을 꼬리 아래 두고
살펴보라 다 너가 품을
세상이리라
태양을 만나거든
여의주를 만들어
날아 보거라
모두 모두
너가 품을 세상이리라

청 룡

_{울봄 김보미}

푸른 전복 껍데기가
반사되어 비장하게
굽이 날아오른다
두 다리를 날개에 바치고
곧은 수염은
정직하게 펼쳐라
머리를 굽혀서
낮게 날지 마라
구름을 꼬리 아래 두고
살펴보라 네가 품을
세상이리라
태양을 만나거든
여의주를 만들어
너의 한입 가득 물고
날아 보거라
모두 모두
너가 품을 세상이리라

이천이십년 사월 초순경에 쓰다
흥낭서예전

봉정사의 꽃

울봄 김보미

꿈속에 종이접어 날리우니
봉황 되어 머문 곳
선녀가 등불을 밝혀주니
어둠이 양보해준 마음이여
현실에서 꿈을 만나니 저절로 눈물이 흐르는 곳
그대가 나한상 입술 위에
우담바라 꽃을 피운 마음이여

간절히 살펴보고 사랑하면
적룡과 청룡을 만나는 곳
적매화 봄소식을 알리니
천년목조 기둥 머문 마음이여

대나무 사이 손바람으로
흔들리는 소리마저 경건한 곳
단청 석탑이 늘 입던 옷을 입고
천년을 기다리는 마음이여
백학 두 마리와 봉황 두 마리의
꼬리마저 아름다운 곳
사람이여
사람답게 고이고이 간직하며 살아갈
마음이여

봉사를 위한 서시

소나무 청정함이 술 방울이 되도록
거친 바람결을 방패로 덮어주고 싶다
내게 그대는 그런 짙고 약한
아기 꽃이어라

어느 산속에
내려올지 모르는 안개처럼
늘 같은 곳에서 기다리고 기다리다
너의 작은 어깨에
안개를 걷어주고 싶다
내게 그대는 그런 작고 소담한
아기 꽃이어라

남을 돕다가 쓰러져 잠들 때까지
너를 돕다가 굳건히 깨어있고 싶다
내게 그대는 처음은 아니었으나
마음다해 마지막 지켜줄
소담한 한 송이 꽃이어라

신라봉 드림

마무리하며…

    초판 시집은 500부 한정 양장본으로 인쇄하여 사랑하는 지인 분들과 선물처럼 나누고 발생되는 수익금은 독거노인 가정과 집수리 봉사 그리고 부모 없는 아이들 가정 등에 전액 사용하였다.

    이 두 번째 시집은 전국 판매용으로 시 10여 편을 추가하여 출간하였다.

    인생을 살아가다 힘들고 지칠 때 외로움에 사무칠 때 나는 시를 쓴다.
    기쁠 때 아름다운 것을 보았을 때도 시를 쓴다.
    사진처럼 그 감정을 찍어 인생의 앨범에 담아두려 애쓴다.

    내일이 누구나 오는 것은 아니다.
    욕심으로 하나라도 더 가지려고 올라가려고 몸부림치며 살려하지 말라. 그저 지금 당신을 만나고 사랑하는 사람들에게 집중하고 후회 없이 나누며 살기를 바란다.

누구는 바보라고 말한다. 그러나 단 한 가지 눈을 감을 때 웃을 수 있는 바보이면 그것으로 충분히 행복한 것이라고 만족하며 살아간다.

인생은 매일 한 편의 시와 같이 흘러간다.

그 시가 아름답고 소중하게 쓰여지기 위해서는 나 자신의 의지와 결심이 필요하다.
멈추지 말고 도전하고 공부하고 탐구하고 반성하라!
사랑하고 위로하고 칭찬하고 나누며 살아라!
그리 살아가기도 바쁘고 험난한 인생길이다.

이제 여러분들이 할 일은!
지금 사랑하고 다시 사랑하라!

2021.3
자원봉사하는 시인 울봄 **김 보 미** 올림